LES RAISONS DE VIVRE
DE LA SOCIÉTÉ DES NATIONS

COMMUNICATION DE

M. LÉON BOURGEOIS

AU COMITÉ NOBEL

DU PARLEMENT NORVÉGIEN

CHALONS-SUR-MARNE

IMPRIMERIE-LIBRAIRIE DE L'UNION RÉPUBLICAINE DE LA MARNE

27, rue d'Orfeuil et rue Gambetta, 10

1923

LES RAISONS DE VIVRE

DE LA SOCIÉTÉ DES NATIONS

COMMUNICATION DE

M. LÉON BOURGEOIS

AU COMITÉ NOBEL

DU PARLEMENT NORVÉGIEN

CHALONS-SUR-MARNE

IMPRIMERIE-LIBRAIRIE DE L'UNION RÉPUBLICAINE DE LA MARNE

27, rue d'Orfeuil et rue Gambetta, 10

—

1923

LES RAISONS DE VIVRE DE LA SOCIÉTÉ DES NATIONS

Communication de

M. Léon Bourgeois

au Comité Nobel du Parlement Norvégien

Messieurs,

Il y a quelques semaines, M. Branting venait à Christiania s'acquitter de l'obligation imposée à tous les titulaires du Prix Nobel de la Paix. Je m'excuse de n'avoir pu, l'an dernier, faire de même. L'état de ma santé ne m'a pas permis d'accomplir le voyage de Norvège et j'en ai éprouvé le plus profond regret.

J'ai su, par M. le Président, que vous m'autoriseriez à vous adresser, par une communication écrite, le témoignage de ma reconnaissance et l'exposé des idées dont j'aurais voulu vous apporter l'expression de vive voix. Je vous en adresse, Messieurs, mes bien vifs remerciements.

I

Je suis pleinement d'accord avec M. Branting sur les idées qu'il vous exposait ici au mois de Juin dernier. Avec une grande clairvoyance, il a analysé et ramené à sa mesure vraie « l'immense déception » que la Grande Guerre de 1914-1918 avait fait naître dans les esprits. Certes, ce brusque déchaînement d'un cataclysme, sans égal dans le passé, avait paru donner un démenti formel aux espérances que Nobel avait fait naître lorsqu'il avait fondé le prix de la Paix ; mais, au découragement qui s'était emparé tout d'abord de l'opinion, M. Branting opposait les raisons de confiance que l'on pouvait quand même tirer de la catastrophe Il montrait qu'il y avait, dans la cruelle époque que nous avons traversée, sous les ruines accumulées, trop de promesses de renouveau pour que l'on pût considérer la période actuelle comme une période de régression.

La victoire avait été, avant tout, une victoire du droit et de la civilisation. L'écroulement de trois grandes monarchies, principalement fondées sur la puissance militaire, avait donné naissance à de jeunes

Etats, représentants du droit des peuples à disposer d'eux-mêmes, jouissant d'institutions démocratiques qui, en faisant dépendre la paix de la volonté directe des citoyens, diminuaient singulièrement pour l'avenir les risques de conflit.

Le même mouvement avait amené non seulement la résurrection des nationalités opprimées, mais encore la réunion, dans une même unité politique, de races jusqu'alors morcelées par la violence.

Enfin, un fait, d'une importance capitale, avait achevé de donner à la victoire des nations libres sa véritable signification. De l'horreur de quatre années de guerre avait surgi, comme une suprême protestation, une idée nouvelle qui s'imposait d'elle-même aux consciences : celle de l'association nécessaire des Etats civilisés pour la défense du droit et le maintien de la paix. La Société des Nations, annoncée dès 1899 et 1907 par les conférences de La Haye, devenait, par le Pacte du 29 juin 1919, une vivante réalité.

Mais, nous apporte-t-elle enfin une organisation durable de la paix ? Ou bien allons-nous retrouver, au moment même où nous croyons toucher au but, les obstacles auxquels se sont heurtées, depuis des siècles, les longues théories de ces pèlerins de toutes races, de toutes croyances, de toutes civilisations, s'efforçant toujours en vain de s'élever vers l'idéal de la paix ?

II

Pour répondre à cette question qui porte en elle toute l'angoisse de l'humanité, il nous faut remonter non pas seulement à l'histoire des peuples, mais à celle de l'homme lui-même, de l'individu chez qui les passions ne sont pas différentes de celles des collectivités et dont on est certain de retrouver tous les penchants, bons ou mauvais, comme dans un miroir agrandi, lorsque l'on cherche à comprendre les causes des révolutions de l'humanité.

Les passions humaines, comme les forces de la nature, sont éternelles. Il ne s'agit point de les nier ; il faut les mesurer et les comprendre. Comme les forces de la nature, elles peuvent être soumises à la volonté réfléchie de l'homme ; elles peuvent être mises au service de la raison. Nous retrouverons leur action dans les luttes des Etats comme dans celles des individus et nous comprendrons, enfin, que les moyens par lesquels celles-ci peuvent être vaincues sont seuls susceptibles de vaincre celles-là.

Affirmer qu'il est possible d'établir la paix entre les hommes des différentes Nations, c'est simplement affirmer que l'homme, quelles que

soient sa tendance ethnique, sa race, ses croyances religieuses ou philo-
sophiques, est capable de raison. Deux forces, dans l'individu, concourent
au développement de sa conscience et à la formation de sa moralité :
sa sensibilité et sa raison.

Sa sensibilité est double. Elle n'est, d'abord, qu'une explosion de
l'instinct vital, du besoin de tous les êtres de se développer aux dépens
du milieu, au détriment d'autres êtres dont la mort paraît nécessaire à
leur propre vie. Mais il existe également une autre forme de l'instinct,
qui le rend sensible à la souffrance d'autrui ; c'est celle qui crée entre la
mère et l'enfant, puis entre le père et le fils, plus tard entre les hommes
de la même tribu, du même clan, un lien d'ordre moral ; c'est l'instinct
de sympathie qui permet de combattre et de limiter l'instinct brutal et
égoïste.

Un grand philosophe français, critiquant la doctrine d'après laquelle
« on ne pouvait souhaiter autre chose à une race que de parvenir au
plein développement de son énergie et de sa faculté de puissance », disait
qu'il n'y avait là qu'une vue incomplète de ce qu'est l'homme.

C'est prendre l'homme isolément et voir en lui un bel animal, puissant
et redoutable. Or, l'homme pris tout entier est l'homme en société et
qui se développe : la race supérieure est celle qui est apte à la société et
au développement commun.

A ce titre la bonté, le besoin de sociabilité et, à un degré plus élevé,
le sentiment de l'honneur, sont des dons spontanés, précieux entre tous
et aussi naturels que les autres instincts. Or, ces sentiments existent dans
la collectivité d'une Nation comme dans chacun des individus qui la
composent. Les faire prédominer sur les poussées de l'égoïsme individuel,
c'est la tâche même de la civilisation : il ne faut pas que la puissance de
l'individu barre la route dans l'Etat au reste de la Nation. Il ne faut
pas que la puissance d'une Nation barre, dans l'Humanité, la route
à l'ensemble de l'Humanité.

Mais l'homme n'a pas en lui que la sensibilité égoïste ou altruiste ;
c'est la *raison* qui est le propre de l'homme. C'est elle qui, chez l'enfant,
d'abord incertaine et fragile, puis croissant en puissance, l'amène à
concilier dans une harmonie consciente et durable, et non plus par
impulsions violentes et contradictoires, les deux tendances de sa sensibilité. C'est elle qui, depuis le commencement de l'Histoire, amène peu
à peu les hommes, au cours des civilisations successives, à reconnaître
qu'il y a un état préférable à celui de la lutte brutale pour la vie, un
état moins périlleux, seul conforme aux révélations de sa conscience
et qui est, sous des formes toujours plus complexes et plus solides, le
véritable état de société.

L'ascension de l'animal à l'homme s'est prolongée par l'ascension de l'Humanité, de la barbarie à l'ordre, de la violence à la paix : et c'est de même la *raison* qui amène enfin l'homme à formuler, sous le nom de droit, des limites que chaque homme doit s'abstenir de franchir s'il veut demeurer digne de rester dans l'état de société.

* *

Ce sont les religions qui, tout d'abord, ont formulé le droit. Il en est résulté que ce droit n'était reconnu qu'au profit de ceux qui pratiquaient le même culte et semblaient des égaux protégés par les mêmes dieux. Pour les sectateurs de tous les autres cultes, il n'y avait ni droit ni pitié. C'est la période des divinités implacables, de Baal et de Moloch ; c'est encore celle de Jéhovah ordonnant à son peuple l'extermination des vaincus.

La philosophie grecque élève, pour la première fois, au-dessus du monde le flambeau de la *raison*. Elle aboutit au stoïcisme où tous les hommes sont égaux et « sont les membres d'un seul corps », où la volonté humaine, réglée par le droit, est proposée à l'homme comme le moteur suprême de son activité.

Cette doctrine de la volonté humaine se traduit dans le droit romain de l'Epoque impériale par cette admirable théorie des obligations qui fait dépendre, dans le droit privé, la validité des contrats du libre consentement des contractants.

Mais que de chemin à parcourir encore entre ces affirmations du droit privé et la reconnaissance du même droit comme régle supême de la politique des Nations !

Le Christianisme vient, à son tour, donner au sentiment de pitié qui s'était spontanément développé chez les hommes, une forme et une puissance inconnues jusqu'à lui.

Ce que prêche la doctrine du Christ, c'est l'amour des hommes tous considérés comme frères ; c'est la condamnation de la violence ; « celui qui se servira de l'épée périra par l'épée » ; c'est la communion chrétienne supérieure à toutes les nationalités et ouvrant aux Gentils, c'est-à-dire aux Nations de toute la terre, l'espérance d'une vie meilleure où la justice, enfin, règnera.

Le Moyen-Age, tout entier, est l'histoire du développement de cette doctrine et l'effort de la Papauté marque, pendant plusieurs siècles, la volonté de faire descendre sur la terre, sinon la justice elle-même qui semble encore au delà des forces humaines et qu'on remet au « jugement de Dieu », du moins une paix relative et temporaire, « la trève de Dieu », qui donne aux malheureux humains une halte dans la souffrance, un court instant de sécurité.

Mais une nouvelle période de combats allait, à son tour, bouleverser l'Europe, avec les Guerres de religion, les plus cruelles, peut-être, puisqu'elles obligent la conscience elle-même à répudier la pitié et semblent élever l'une contre l'autre les deux forces qui s'étaient jusqu'alors partagé le monde : le *sentiment* et la *raison*. Et c'est seulement au 18e siècle qu'il appartiendra, en fin de compte, de les réconcilier.

La Déclaration des Droits de l'Homme affirmait enfin, pour l'Humanité tout entière, les principes de justice sans lesquels il serait toujours impossible de fonder une véritable paix.

Que de souffrances, que de sang il a fallu, pourtant, pendant encore plus d'un siècle, pour qu'on puisse enfin espérer l'application des principes de morale vraiment humaine proclamés par la Révolution française ! Il a fallu, comme dit Taine, « multiplier les idées, établir la délibération préalable dans l'intelligence consciente, grouper les pensées humaines, par un travail conscient encore, autour de préceptes acceptés : bref, refaire, sous la dictée de l'expérience, l'intérieur de la tête humaine ».

La plus grande révolution de l'Histoire n'est-elle pas celle qui a permis à la *raison* de considérer vraiment l'Humanité tout entière comme sujet du droit et de reconnaître le titre d'homme à tous les humains.

Tous les hommes égaux en droits et en devoirs, solidaires du sort de l'Humanité, quel rêve !

L'idée du droit, maîtresse du monde, va-t-elle enfin donner raison à la raison ?

III

Sommes-nous arrivés à un développement de la moralité et de la civilisation universelles qui nous permette de considérer comme viable une Société des Nations? Si elle est possible, quels sont les caractères et les limites mêmes qu'elle doit présenter pour correspondre à l'état actuel du monde ?

Certes, un progrès immense s'est déjà réalisé dans l'organisation politique, sociale, morale du plus grand nombre des Etats.

L'extension de l'instruction publique dans presque toutes les parties du globe, agit puissamment sur les esprits ; la prédominance des institutions démocratiques s'affirme dans tous les Etats civilisés ; la régression des préjugés de caste, qui s'opposent au passage d'une classe à l'autre et en retardent la disparition; l'échec, même en Russie, des systèmes d'organisations communistes qui prétendent imposer à la liberté et à l'initiative de l'individu des barrières infranchissables ; enfin, l'ensemble des institutions sociales d'assistance, de prévoyance et de solidarité qui mettent le devoir en regard du droit de chacun, et, d'une manière générale, la conception d'une justice de plus en plus humaine où la responsabilité des fautes de l'individu ne sera plus séparée de la responsabilité de la Société elle même : tous ces faits préparent, dans chacune des Nations, la révolution intellectuelle dont nous avons parlé et amènent les peuples à concevoir et à comprendre la supériorité, bientôt même la nécessité d'institutions internationales où les mêmes principes seront reconnus et appliqués.

Il reste, il est vrai, en dehors du mouvement qui emporte les civilisations vers cet état supérieur de conscience, des territoires immenses où les populations, tenues depuis des siècles dans l'esclavage ou la servitude, n'ont point encore reçu les premiers rayons de l'idée rénovatrice, et pour lesquelles s'impose une période, sans doute assez longue encore, de culture intellectuelle et morale.

Mais c'est déjà un fait nouveau et considérable que les Nations civilisées, comprenant « leur mission sacrée de civilisation », aient aux termes de l'article 22 du Pacte, accepté de se charger envers ces peuples arriérés d'un mandat d'éducation, « afin de les rendre capables de se diriger eux-mêmes dans les conditions particulièrement difficiles du monde moderne ».

*
* *

Ce n'est pas seulement au point de vue de l'ensemble des institutions et des mœurs, mais c'est aussi au point de vue purement politique, au point de vue de la carte même de l'Europe et du monde, qu'un progrès s'est réalisé.

Lorsqu'en 1899, la Conférence de La Haye, réunie sur la convocation du Tsar, posa, devant l'Univers civilisé, le problème du désarmement et de la paix et prononça pour la première fois le nom de « Société des Nations », il était *à priori* certain que le problème ne pourrait pas être résolu à cette date. La géographie politique de l'Europe était, sur trop de points, fondée sur la violation du droit des peuples. Comment aurait-on pu prendre son état comme la base de l'organisation d'une paix conforme à ce droit ?

Aujourd'hui, la guerre a permis de faire disparaître le plus grand nombre des injustices d'alors. En Europe, l'Alsace-Lorraine a été rendue à la France; la Pologne a été reconstituée dans son unité et son indépendance ; Tchéco-Slovaques, Danois, Belges, Slaves et Latins ont retrouvé le droit de se gouverner eux-mêmes ou sont retournés à leur mère-patrie.

En Asie même, à l'heure où nous parlons, un grand effort est fait pour trouver, entre les droits historiques des différentes races, un équilibre durable dans la légalité et la paix.

Est-ce à dire que, soit en Europe, soit dans les autres parties du monde, toute cause de trouble ait disparu ? Nous sommes loin d'avoir une confiance aveugle dans l'avenir et nous avons sous les yeux des preuves trop évidentes, des manifestations de trouble trop certains pour que nous songions à les nier.

D'une part les puissances qui ont été vaincues dans la grande guerre n'ont pas suffisamment consenti au désarmement moral qui est la condition première de toute pacification. Des minorités turbulentes, de caractère incertain, trop faibles pour constituer des Etats véritables, révoltées contre la grande majorité des citoyens d'une même région, cherchent leur appui en dehors des frontières naturelles où s'alimente la vie commune et risquent de créer des foyers d'agitation et de violence où devrait régner une tolérance réciproque et se fonder une mutuelle solidarité.

D'autre part, des mouvements artificiels s'élèvent qui cherchent à franchir les bornes de chacun des Etats et tendent à grouper, dans des mélanges inorganiques, les peuples les plus divers ; mouvement pangermaniste, mouvement panislamique, mouvement pannoir, fondent leur raison d'être tantôt sur l'unité de langue, tantôt sur l'unité de croyance religieuse, tantôt sur l'unité de couleur, et ne sont que des éléments de menace pour la paix générale. Il y a dans ces agglomérations sans mesure un danger grave ; quelque chose d'essentiel leur fait défaut : la véritable unité de vie, la conscience supérieure d'une destinée commune.

Tout cela, du reste, peut n'être que passager ; il semble qu'il s'agisse surtout des convulsions dernières du cataclysme qui a bouleversé le monde.

Mais il y a quelque chose de plus profond dont il faudra toujours tenir compte dans une organisation internationale, quelle qu'elle puisse être. M. Branting, dans la communication qu'il vous faisait il y a quelques mois, montrait qu'entre l'Internationale des classes telle que certains congrès socialistes l'ont envisagée et la véritable Internationale des Nations, il y avait un abîme, que, par celle-ci seulement, la paix pouvait être véritablement organisée entre tous les hommes, au lieu d'être seulement espérée, contre toute espérance raisonnable, d'une lutte préalable entre les hommes d'un même pays.

Loin d'opposer l'idée de patrie à l'idée d'humanité, il faut, en effet, affirmer avec force que les hommes qui servent le mieux la cause de la paix sont, en vérité, les plus patriotes. La patrie est, elle ne peut être que l'élément organique, par excellence, de toute Société des Nations. De même que la constitution de la famille est la base de la constitution de la Nation, c'est entre les patries seules que peuvent s'établir les liens qui constitueront la vie d'une Société internationale.

La guerre de 1914-1918, qui a été une guerre de libération des nationalités, n'a pu que surexciter ce sentiment national. Elle a donné aux tendances intellectuelles et morales, qui constituent le sentiment de la patrie, une force plus grande ; elle a rendu ce sentiment, légitime entre tous, plus jaloux. Il en résulte que l'organisation internationale projetée doit reposer en dernière analyse non seulement sur la souveraineté intangible de chaque Etat, mais sur l'égalité de droits entre tous, qu'ils soient puissants ou faibles, grands ou petits. C'est entre des Etats régulièrement constitués et seulement entre eux qu'il peut s'agir d'établir le règne du droit.

Pour les mêmes raisons, on ne pouvait songer à une organisation s'imposant du dehors aux Etats. L'idée d'un sur-Etat, d'une volonté obligeant les organes souverains de chacune des Nations, eût amené la révolte du patriotisme. Ce qui était à la fois nécessaire et suffisant, c'est que chacune des Nations comprît que le consentement mutuel à certains principes de droit, à certains accords reconnus comme également profitables aux divers contractants, ne constituait nullement un abandon de souveraineté, pas plus que, dans le domaine des intérêts privés, le contrat n'est une renonciation à la liberté, mais l'usage réfléchi et reconnu avantageux aux deux parties, de cette liberté elle-même.

Mais quelle est donc la condition fondamentale de ce consentement mutuel, la condition exigible pour qu'il soit donné sans arrière pensée, pour que le sentiment existe, de part et d'autre, que rien d'essentiel, qu'aucun intérêt vital ne sera sacrifié par l'une des Nations contractantes ?

Il faut qu'il y ait une règle supérieure, une norme souveraine à laquelle chacun des accords puisse être comparé, comme, dans le domaine des sciences, l'homme, se défiant de ses sens incertains, se reporte, pour la comparaison et la mesure des phénomènes, au témoignage d'instruments invariables que le coefficient d'erreurs personnelles ne pourra, en aucun cas, influencer.

Dans l'ordre moral, c'est le droit, proclamé en dehors de toute considération individuelle ou nationale, antérieur et supérieur aux variations de l'opinion, qui sera le témoin, l'impartial enregistreur des prétentions en présence et qui, par l'indépendance absolue, par le caractère indiscutable de son témoignage, apaisera les passions, désarmera les mauvaises volontés, découragera les ambitions illusoires et créera l'atmosphère de confiance et de calme où, seulement, pourra naître et se développer la plante fragile de la paix.

Ce droit, arbitre souverain et sans appel, existe-t-il en fait ?

L'histoire des derniers siècles nous permet de répondre affirmativement.

Il existe bien, désormais, un droit international dont la doctrine est certaine et dont la jurisprudence n'est contestée par aucun pays civilisé. Le 19e siècle, qui ouvrit les Conférences de La Haye et provoqua, sur les sujets les plus divers, de nombreuses Conférences internationales, a vu s'en multiplier les applications. Si les violations de ce droit, en 1914 et pendant les années de guerre, ont été malheureusement trop évidentes, la victoire en a fait justice ; si elles devaient se reproduire un jour, il faudrait vraiment désespérer de l'avenir de l'Humanité.

D'abord purement théorique et doctrinal, le droit international s'enrichit peu à peu par de nombreuses conventions où se trouvent, en fait, réglées juridiquement, les obligations essentielles, celles qui peuvent être définies avec précision, qui peuvent être codifiées, rendues légalement obligatoires et soumises à des sanctions. Le cadre de ces conventions ne cesse de s'élargir ; il se pénètre peu à peu des idées morales qui constituent ce que j'ai appelé, dans une étude récente, la morale internationale ; il s'étend à tout ce qui touche à la vie, à la santé, au bien-être matériel et moral de tous les humains.

Le droit international existe donc.

Mais peut-on espérer qu'il trouvera dans une organisation juridique, également souveraine, un interprète fidèle et, comme lui, placé au-dessus de toutes les passions ?

L'histoire toute récente des délibérations de la Société des Nations, la création de la Cour de justice internationale, nous permet de donner encore une réponse affirmative à cette seconde question.

IV

Résumons les trois conditions auxquelles paraît devoir être subordonnée une organisation internationale correspondant à l'état actuel de la civilisation.

Il faut, d'abord, qu'il y ait entre les Etats associés une suffisante communaúté de sentiments et de pensées, un développement sinon tout à fait égal, du moins suffisamment analogue, pour que soient comprises les vérités de l'ordre international et soient admises les règles qui procèdent à leur développement.

Il faut, ensuite, que chacune des règles ainsi consenties l'ait été véritablement par la volonté libre de chacune des Nations, que si des sanctions ont été prononcées, au cas de violation de quelqu'une de ces règles, ces sanctions aient été consenties comme les règles elles-mêmes et qu'aucun des Etats ne puisse se plaindre qu'il ait été, malgré lui, entraîné dans une action collective qu'il n'aurait pas préalablement acceptée.

Il faut, enfin, qu'il y ait, au milieu du monde, pour définir, dans chaque cas particulier, le droit international et pour en régler l'application, un tribunal dont l'impartialité soit au-dessus de toute contestation, dont l'autorité morale s'impose à raison de la valeur scientifique et de la haute moralité des magistrats qui le composent.

Si ces trois conditions sont réunies, et toutes les trois, on le voit, répondent, en somme, à la même condition première : le consentement libre de chacun des contractants, une Société des Nations pourra vivre avec une souplesse suffisante pour que chacun se trouve à l'aise dans ses cadres, et une force morale également suffisante pour que nul ne puisse songer à se dérober à ses décisions.

**

Nous disons une force morale. Nous n'entendons pas exclure ainsi, dans les cas extrêmes, la nécessité de l'emploi d'une force matérielle à l'égard des Etats qui se seraient rendus coupables d'une violation du Pacte, mais nous entendons réserver cette force matérielle comme une *ultima ratio*, et nous sommes persuadés que si elle est, dans certains cas, nécessaire, elle ne doit être employée que si l'on se trouve en présence d'un acte de violence ou d'agression indiscutable et si c'est, pour ainsi dire, avec le consentement universel que l'Etat violateur se sera trouvé condamné.

Au surplus, le sens de l'article 10 et des articles 12, 13, 15 et 16 du Pacte de la Société des Nations n'est nullement contraire à l'interprétation que nous en avons donnée. Nos amis d'Amérique ont exprimé la crainte que l'article 10 pût entraîner leur pays dans des opérations militaires auxquelles il n'aurait pas consenti. Certes l'article 10 édicte une garantie générale de l'intégrité du territoire de chacun des Etats associés, mais aucun des articles suivants ne permet de conclure que, sans la libre acceptation des organes de la souveraineté nationale de chacun des Etats, l'un quelconque d'entre eux pourrait se trouver, malgré lui, sans son consentement explicite, entraîné par surprise à quelque action militaire.

Dans le difficile problème de la limitation des armements, jamais ni le Conseil ni l'Assemblée n'ont cru qu'il serait possible de statuer sans l'adhésion expresse de chacun des Etats. Chacun reste libre de définir et de fixer les conditions de sa sécurité nécessaire, intérieure ou extérieure. De même chacun reste libre de donner ou de refuser son consentement à toute action militaire concertée. La seule sanction qui puisse, en dernière analyse, résulter des dispositions du Pacte, est la renonciation au bénéfice de la Société des Nations.

*
* *

Ce n'est certainement pas en un jour que l'esprit des peuples sera suffisamment pénétré des vérités essentielles que nous nous sommes efforcé de définir. Il y faudra du temps, une propagande incessante et la constatation des résultats heureux de l'Association.

Il s'agit ici de la seule propagande qui soit véritablement efficace, de celle qui — suivant une expression qui a été bien souvent employée dans un sens détestable, que nous voulons retourner, nous, dans le sens le meilleur et le plus élevé — peut être appelée : *la propagande par le fait*. Le fait dont il s'agit de pénétrer les esprits, le fait assez puissant pour triompher des préjugés, pour vaincre les résistances, pour désarmer les mauvaises volontés, c'est le fait de la vie internationale elle-même.

Il y a, dès maintenant, dans le monde, une vie internationale tellement complexe, tellement puissante, que nul ne peut, désormais, tenter de se soustraire à son action. Défense de la santé publique, facilité des transports, abaissement des barrières douanières, organisation internationale du Crédit : autant de terrains sur lesquels il est impossible à aucun Etat, quelque puissant qu'il soit, de prétendre rester étranger.

Quelque grande que soit l'Amérique, quelque étendue que soit sa puissance industrielle et commerciale, elle n'a pas souffert du chômage moins que les Etats d'Europe.

Il suffit de signaler les effroyables effets de la spéculation sur le change pour voir à quel point il est dorénavant impossible d'établir sur aucun point du Monde une cloison étanche pour arrêter le flux des mouvements internationaux.

Donner, par la constitution des organes de la vie internationale, l'exemple de la nécessité de cette vie même ; apprendre à vivre en commun aux hommes des différentes Nations et des différentes races ; faire apparaître en lumière, au-dessus de tous, le phénomène universel de la solidarité des Nations et des hommes, ce sera là la leçon la meilleure, la plus efficace et la plus persuasive qu'il est possible d'imaginer.

Cette leçon des faits sera certainement la plus efficace Il n'est cependant pas inutile d'y ajouter un autre enseignement. Il faut qu'une propagande s'organise dans tous les pays civilisés pour faire comprendre à l'opinion universelle le but véritable de la Société des Nations, les limites de ses pouvoirs, son respect sincère des droits de la souveraineté des États, c'est-à-dire des Patries elles-mêmes, en même temps que la grande puissance morale que la certitude de ses principes lui assure dans le monde.

Il s'est heureusement créé dans presque tous les États de grandes associations qui répandent largement ces enseignements et les feront pénétrer, au-delà des partis politiques, jusqu'aux couches profondes du sentiment populaire.

Une des dernières créations de la Société des Nations porte, d'ailleurs, ce nom significatif : la coopération intellectuelle. Un Comité composé des savants les plus éminents, des intelligences les plus vastes et les plus hautes a été constitué à une de nos dernières sessions. Son nom est plein de promesses.

Qu'est ce que la coopération intellectuelle, sinon la mise en commun de toutes les forces de l'intelligence, comme sont mis en commun les intérêts matériels et politiques, associés dans un mutuel et équitable échange. A des organismes vivants, il faut un moteur, il faut une âme. De toutes les âmes diverses qui sont celles des Nations et des races, est il impossible de faire naître une âme commune, une science commune de la vie commune, associant sans les confondre, dans un même élan vers la justice, les tendances, les aspirations de chaque Patrie ?

Monter par tous les chemins, qui partent de tous les points du monde, vers un unique sommet d'où se découvre la loi même de l'homme en son rythme souverain, n'est-ce pas là le terme dernier du douloureux calvaire qu'a dû, pendant tant de siècles, gravir l'Humanité ?

Certes, il faudra encore bien des années d'épreuves, bien des retours en arrière avant que les passions humaines qui grondent chez tous les hommes soient prêtes à désarmer ; mais si la route est clairement tracée vers le but, si une organisation semblable à celle que représente actuellement la Société des Nations se complète et s'achève, la puissance bienfaisante de la paix et de la solidarité humaine l'emportera sur le mal. C'est en tout cas ce que nous avons le droit d'espérer ; et, si nous considérons la route poursuivie depuis le commencement de l'Histoire jusqu'aux heures présentes, notre espoir se fortifiera jusqu'à devenir une foi véritable, une inébranlable foi.

Décembre 1922.

Léon BOURGEOIS.

Châlons-sur-Marne. — Imprimerie de l'Union Républicaine.

Le Directeur-Gérant,
Th. CAMUS.